El Conejillo Cuco y los C.A.P.

Escrito por Mary Louise Downer

Ilustrado por Elizabeth Sawyer

Dominie Press, Inc.

Director General: Raymond Yuen
Editor Ejecutivo: Carlos A. Byfield
Diseñador: Greg DiGenti
Ilustrador: Elizabeth Sawyer

Derechos de autor del texto © 2003 Mary Louise Downer
Derechos de autor de las ilustraciones © 2003 Dominie Press, Inc.

Derechos reservados. La reproducción o transmisión total o parcial de esta obra, sea por medio electrónico, mecánico, fotocopia, cinta magnetofónica u otro sin el consentimiento expreso de los propietarios del copyright está prohibida al amparo de la legislación de derechos de autor.

Publicado por:

Dominie Press, Inc.
1949 Kellogg Avenue
Carlsbad, California 92008 EE.UU.
www.dominie.com
1-800-232-4570

Cubierta de cartón ISBN 0-7685-2816-X
Impreso en Singapur por PH Productions Pte Ltd
1 2 3 4 5 6 PH 05 04 03

Contenido

Capítulo 1
Los Conejos Asignados a Pascua..........5

Capítulo 2
Una insignia 11

Capítulo 3
Un pollo de bombón con piel 17

Capítulo 4
La carreta de Cuco 23

Capítulo 5
Las canastas...................................28

Capítulo 1
Los Conejos Asignados a Pascua

Al Conejillo Cuco le encantaba su trabajo en la Fábrica de Canastas de Pascua. A pesar de eso, él no era un conejo feliz.

Cada día marcaba la entrada en el reloj registrador y saltaba hasta su puesto en la línea de montaje antes de que llegaran

los compañeros.

Se ató las orejas con un lazo para que no estorbaran, se puso su delantal e inspeccionó sus materiales. Estaba listo para comenzar su trabajo mucho antes de que sonara el silbato de inicio y mucho antes de que la correa transportadora enfrente de él comenzara a circular.

Siempre llegaba temprano para poder observar a los Conejos Asignados a Pascua (C. A. P.) entrar al salón de selección a cargar las canastas que entregaban a los niños por todo el mundo el Domingo de Pascua por la mañana.

Cuco y su amigo, Liván Liebre, les tenían una admiración asombrosa a los Conejos Asignados a Pascua . Les decían los C. A. P., pero sólo en voz baja.

Cuco consideraba que el ser un C. A. P. era la más noble de todas las ocupaciones de conejos, y aunque le parecía imposible lograrlo, soñaba con llegar a ser uno de ellos.

Liván dijo: —Estás loco, Cuco. No te ascenderán a C. A. P. sólo porque llegas temprano, ¿sabías?

—Tal vez sí, tal vez no —respondió Cuco—. ¿Pero te imaginas lo fantástico que sería poder entregar canastas de Pascua y escuchar la risa de los niños cuando las encuentren?

—Negativo, Cuco. Yo hago mi trabajo. Me voy para la casa. Como zanahorias. ¿Qué más necesito?

Cuco protestó: —¿Pero acaso soy diferente a los C. A. P.? Tengo las orejas igualmente largas. Tengo la cola igualmente esponjosa y la piel igualmente blanca. Igualmente puedo llevar las canastas.

—¡Ajá! —interrumpió Liván—. Pero ellos tienen insignias doradas que les permiten entrar al salón de selección sin hacer sonar la alarma. Nunca podrás entrar sin tener una insignia. Tendrás que olvidarte de llegar a ser un C. A. P.

Pero Cuco era testarudo. De vez en cuando, hablaba con el Sr. Contreras, su jefe, acerca de ello.

—Sr. Contreras, por favor. Detesto molestarlo, señor —decía.

El Sr. Contreras no le permitía completar lo que decía. —Continúa tu buen trabajo, Cuco —decía mientras pasaba apresuradamente—. Trabaja incesantemente… ¡Todos a bordo! ¡Avante a toda máquina y todo eso!

El Sr. Contreras siempre decía cosas así.

Cuco dejó de hablar con el Sr. Contreras. Se dio cuenta que para llegar a ser un C. A. P. tendría que tomar las riendas en sus propias manos.

Capítulo 2
Una insignia

Cada día, Cuco ansiaba llegar al trabajo. Escogía una canasta del recipiente para guardar canastas y la llenaba con todas aquellas cosas que a los niños les gustaría recibir en el Domingo de Pascua.

Una que otra vez le añadía un poco de

brillo dorado, pero sólo si estaba de buen humor.

Su amigo Liván Liebre le decía: —No te preocupes, Cuco. ¿A quién le importa si la canasta no está perfecta?

—A mí me importa —respondía Cuco.

Cuco se aseguraba que cada canasta que hacía fuera hermosa y especial. Colocaba cada una en la correa transportadora y la miraba desaparecer por la abertura hacia el salón de selección como una pieza de equipaje en un aeropuerto.

Cierto día, desató la cinta de sus orejas y se quitó el delantal. Se arrimó saltando lo más cerca que pudo al salón de selección sin hacer sonar la alarma. Los C. A. P. no prestaban atención. ¡Esta era su oportunidad!

Trabajando con rapidez, formó una pelota de papel de seda dorada. Usando sus fuertes patas traseras, saltó varias veces sobre la pelota hasta aplastarla. Le dio forma y le puso unas lentejuelas para que

brillara.

—¿Qué estás haciendo? —preguntó Liván.

—Estoy haciendo una insignia para poder entrar al salón de selección sin hacer sonar la alarma.

Liván palideció. —¡No te atreverías! —dijo él.

—Obsérvame —dijo el Conejillo Cuco, prendiéndose la insignia al pelaje espeso del pecho.

Saltó hasta la puerta entreabierta del salón de selección. Extendió las patas y empujó.

Uaiii, uaiii, uaiii, chillaba la alarma.

—Por misericordia —dijo Conejillo Cuco cayendo de rodillas y cubriéndose la cara con las orejas.

El comandante de los Conejos Asignados a Pascua miró la insignia falsa de Cuco y meneó la cabeza. Dijo: —Has intentado una entrada ilegal. Es más, estás fingiendo ser un Conejo Asignado a Pascua... más o menos. Sal inmediatamente o llamaré a los perros guardianes.

El Conejillo Cuco atisbaba detrás de sus orejas. —¿Qué me harían? —se atrevió a preguntar.

—Me imagino que harían un guisado de conejo contigo.

—¡Oh, no! ¡Guisado no! —gritó el Conejillo Cuco. Se puso de pie de un salto y huyó como el conejo miedoso que era.

Liván no simpatizaba con él. —Te lo dije —comentó cuando Cuco pasó corriendo.

—No me doy por vencido todavía —jadeaba Cuco sin detenerse.

Capítulo 3
Un pollo de bombón con piel

Al día siguiente, el Conejillo Cuco escogió la canasta más grande del recipiente donde las guardaban.

Puso una capa de papel verde desmenuzado dentro de la canasta para formar un nido. Después acomodó una

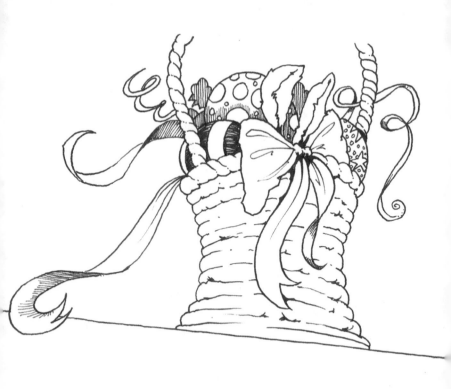

bandada de pollos de bombón gordos en la canasta. Hizo un lazo de raso en el mango, dejando rezagados los extremos.

—No es tu estilo de canasta normal —observó Liván—. ¿Qué tienes en mente?

—Calla, Liván —dijo Cuco—. Dame una mano aquí, ¿quieres?

—De ninguna manera —exclamó Liván—. ¡No cuentes conmigo!

De alguna manera, Cuco siempre había sabido que no podía contar con él.

Puso la canasta en la correa transportadora y se subió. Se escondió lo más que pudo debajo de la bandada de pollos de bombón. Usó los extremos del lazo rojo grande para esconder las orejas.

¡Paf, pumba! ¡Bum, pom! avanzaba la canasta por la correa transportadora hasta que salió por el hoyo de la pared del salón de selección. Apretado debajo de los pollos de bombón, Cuco temblaba mientras esperaba oír el sonido de la alarma. La alarma no sonó.

Lo que oyó fue una voz grave. —¿Qué tenemos aquí? —preguntó la voz.

De repente Cuco sintió que el comandante de los Conejos Asignados a Pascua lo levantaba de la canasta. Cuco sonrió como mejor pudo, aunque estaba asustado.

Los otros C. A. P. se agruparon a su

alrededor. Todos se veían enojados.

—No creo haber visto nunca un pollo de bombón con piel —dijo el comandante.

Sacudió al Conejillo Cuco y lo sostuvo por alto, suspendido por encima del suelo.

—Este se parece mucho al conejo que nos hizo una visita ayer. ¿Qué hacemos con él?

—Démosle una lección a este intruso —gritó una voz—. Tirémoslo a los zorros.

Cuco se desmayó.

Cuando recobró conciencia, se encontró acostado cerca de su lugar de trabajo acostumbrado en la línea de montaje. Miró a su alrededor confundido. —¿Qué sucedió? ¿Cómo llegué aquí?

Liván estaba parado vigilando. —El comandante de los C. A. P. te trajo aquí en una canasta. Entonces te arrojó de la canasta y se fue. Dijo que te dijera que te quedaras en tu lugar. ¿Qué quiso decir con eso?

El Conejillo Cuco sabía exactamente lo que quería decir el comandante, pero estaba decidido a ser un C. A. P.

Capítulo 4
La carreta de Cuco

El Conejillo Cuco pensó una y otra vez acerca de las maneras de llegar a ser un C. A. P. Tal vez finalmente llegaría a escuchar la risa de los niños un Domingo de Pascua por la mañana.

Decidió que su nueva idea era la mejor que había tenido. Esta vez se escondería en una de las carretas de reparto. Entonces podría viajar con los C. A. P. mientras entregaban las canastas a los niños.

Le contó a Liván lo que planeaba hacer.

—¿Has oído la expresión atolondrado? —preguntó Liván.

—No me importa —dijo el Conejillo Cuco—. Esto dará resultado. Estoy seguro de ello.

—¿Pero como vas a subir a la carreta? Las mantienen encerradas en un depósito, y tienes que ser un C. A. P. para abrirlo. Has vuelto al mismo problema que tenías antes.

Cuco lo pensó. No podía llegar a las carretas, pero tal vez no necesitaba hacerlo. Miró por la fábrica y se le ocurrió una idea. Reunió materiales y algunas herramientas. Haría su propia carreta.

La parte más difícil era encontrar el tipo

de ruedas apropiadas. Finalmente, encontró algunas tapas de barriles de madera que tenían la dimensión correcta. Les puso engranajes de bicicleta en la parte interior de las ruedas, de manera que pudiera pedalear con los pies para compensar por el peso adicional.

Hizo una caja de madera para amarrársela a la espalda, y aseguró palos de escoba a cada lado de la caja para que sirvieran de mangos. Pintó todo el artificio para que se pareciera a las otras carretas.

No fue fácil. Tuvo que atar las orejas hacia abajo y pedalear con las patas traseras mientras se doblaba de manera incómoda debajo de la caja. Le dolía la espalda, le picaban las orejas y tenía las patas adoloridas de tanto pedalear.

—Te has vuelto loco, Cuco —dijo Liván cuando lo vio. No eran palabras alentadoras.

Pero antes del amanecer del día siguiente,

la carreta de Cuco estaba esperando a la entrada del salón de selección.

Uno de los C. A. P. se acercó y frunció el ceño. —¿Qué está haciendo esta carreta aquí? —preguntó en voz alta. Cuco por poco contestó, pero se acordó que tenía que guardar silencio.

—Debe ser una de las carretas nuevas —dijo el C. A. P. Agarró los mangos de palos de escoba, y con Cuco pedaleando lo más fuerte que podía, empujó la carreta hacia adentro y comenzó a cargar las canastas.

—¿Dónde están esas canastas especiales que siempre me han gustado? —preguntó el C. A. P. a su comandante.

—Hoy todavía no hemos recibido ninguna. Tal vez recibamos algunas más tarde.

Cuco sabía que hablaban de las canastas que hacía él, y se echó una risita calladamente.

Hoy no recibirían ninguna canasta hecha por él.

Capítulo 5
Las canastas

¡El Conejillo Cuco no lo podía creer! Su carreta estaba cargada de canastas de Pascua y uno de los Conejos Asignados a Pascua la hizo rodar hacia el exterior del salón de selección.

Pronto —se dijo Cuco—, estaré

escuchando la risa de los niños.

Cargado de canastas, pedaleaba furiosamente mientras el C. A. P. lo empujaba por veredas, bordes de las aceras, colinas, bosques y praderas hasta llegar a una casita blanca.

Rápidamente, el C. A. P. descargaba las canastas de la carreta de Cuco y comenzaba a esconderlas entre arbustos alrededor del patio.

Cuando varios niños salieron de la casa corriendo, el C. A. P. empujó la carreta fuera de vista detrás del garaje y se fue corriendo.

—¡Encontré una! —exclamó un niño riéndose.

—¡Aquí hay otra! —exclamó una niña, riéndose y aplaudiendo—. ¡Y aquí hay una cerca del columpio!

Las lágrimas le corrían por las patillas a Cuco mientras escuchaba esto. La risa de los niños le sonaba a música. Era justo lo que se había imaginado.

Cuco desató las orejas, las levantó un poco y se sentó muy quieto. Tan claro como el aire después de la lluvia, se dio cuenta que los niños se reían de felicidad por las canastas. Sus voces llenas de júbilo lo llenaban de orgullo.

Entonces se acordó que ninguna de las canastas que encontraron era de las que él hacía. Había estado demasiado ocupado el

día anterior y esa mañana haciendo su carreta, y no había hecho ninguna canasta.

—Y pensar —se dijo—, si se ponen tan felices al recibir estas canastas, estarán aún más felices de recibir mis canastas especiales.

Agachado detrás del garaje con la caja de madera amarrada a su espalda, comenzó a planear su próxima canasta.

Tendría dos conejitos de chocolate, decidió, y caramelos de los colores del arco iris, algunos pollos de bombón, y un montón de maíz acaramelado. Al final le pondría un lazo amarillo enorme y añadiría brillo dorado, porque definitivamente estaba de buen humor.

Finalmente, él era un conejo feliz. Un niño en alguna parte del mundo, encontraría su canasta en el Domingo de Pascua y se reiría.